Poemas y cuentos para tu alma

Vol. 3

TE PERDONO

2023

www.analiaexeni.com

«Solo por hoy, mi vida es mejor porque estoy libre de las cadenas del odio y de la falta de perdón».

Dedicatoria

Este libro está dedicado a todas las personas del mundo que añoran perdonar y ser perdonadas y que, por alguna razón, aún no lo han logrado. Deseo, de todo corazón, que estos humildes textos favorezcan y propicien el perdón en todos los órdenes de su vida y que, a partir de perdonar y ser perdonadas, su existencia se eleve al paraíso terrenal aquí en la tierra.

ÍNDICE

Prólogo

¡Hola, queridas amigas y amigos, mis amados lectores de todo el mundo!

Me siento muy feliz y dichosa de publicar un nuevo libro y con un tema tan maravilloso como lo es el perdón.

Hace un tiempo, mi querida amiga y colega Ángela Morales, de Toronto (Canadá), me dijo algo que realmente me impactó positivamente: **«Es mejor tener paz que tener la razón»**. Estas palabras me llegaron al alma, y estoy totalmente de acuerdo con Ángela. Por eso, les dejo este mensaje, de mi corazón para el corazón de cada uno de ustedes.

Muchas veces, la vida nos golpea muy fuerte; nos caemos, y levantarnos no es tarea sencilla. **Pero existen personas maravillosas, que nos extienden la mano, nos ayudan a elevar nuevamente nuestro espíritu y nos curan las heridas con cariño.**

Es de conocimiento de todo el mundo que mi vida no ha sido fácil, principalmente, en la salud, ya que **he estado al borde del abismo de la muerte varias veces, y he necesitado mucha ayuda para levantarme**. Gracias a Dios, siempre han estado allí personas increíbles que me dieron su mano y me ayudaron a ponerme en pie.

Hoy, una vez más, me levanto, y tengo la dicha de estar con vida, cuidando de mi salud y siguiendo un camino de paz, de perdón y de muchísimo amor. Por este camino invito a cada uno de ustedes a que me acompañe.

Les ofrezco todo mi amor, mi perdón y la paz de mi corazón. A su vez, les pido su amor; su perdón por cualquier cosa que consideren que deben brindármelo, y su paz, para que, junto a la mía, hagamos algo maravilloso por el resto de nuestras vidas.

El amor y el perdón han facilitado que mi vida sea mejor.

El amor y el perdón han hecho milagros en mi existencia.

El amor y el perdón han sido las llaves que me permitieron ingresar a un nuevo universo, donde reinan la paz y la felicidad.

El amor y el perdón es lo que hoy te vengo a entregar...

Muchas gracias por leer este libro y muchas gracias por ser parte de lo mejor de mi vida.

Deseo con el alma que estas páginas lleguen a millones de personas y que, juntos, a la distancia, **sigamos unidos en el amor, en el perdón y, en especial, en la paz infinita**.

Un abrazo de todo corazón,

Analía Exeni

Fundadora de editorial Ediciones Autores de Éxito®

www.analiaexeni.com

Cofundadora de Sagas de Éxito® y Universidad de Éxito®

www.sagasdexito.com

«Solo por hoy, mi espíritu ha evolucionado porque he puesto la cuenta del perdón en cero».
Analía Exeni
www.analiaexeni.com
Academia
Autores D·EXITO
Analibro
Ediciones
Autores D·EXITO

¡ME PERDONO!

Me amo, me respeto y me perdono.

Eterna e incondicionalmente me venero.

Pongo al perdón en el podio de mi alma.

Encuentro dentro de mí todo lo que afuera se me ha negado.

Robusto es mi corazón con los dones del perdón.

Deliciosa es la vida cuando estoy libre de la desdicha.

Oportunidades nuevas llegan cuando me he perdonado.

Noble es la atmósfera de mi existencia.

Optimismo hay en mi espíritu hoy, mañana y siempre porque la alegría vive en mí.

«Solo por hoy, soy una mejor persona porque he aprendido a perdonarme y a perdonar a todos, sin excepción».
www.analiaexeni.com

¡TE PERDONO!

Tengo el valor y la fortaleza de perdonarte...

En este instante y para siempre, ¡te perdono!

Perdonarte me hace una mejor persona. ¡Te abrazo con mi alma pura y cristalina!... Libre de rencor.

Encuentro armonía infinita en el perdón. ¡Estoy en paz y tú también lo estás! Te amo.

Respeto a todos porque me respeto a mí. Amo a todos porque me amo a mí.

Doy el doble de lo que espero recibir. La generosidad es mi bandera y la gratitud es mi tierra.

Odio..., nunca más. Se ha borrado esa palabra de mi vocabulario.

Nace el amor como un inmenso sol de una mañana de verano.

Orgullo siento de haberte perdonado. Aquí y ahora, el perdón es nuestro paraíso privado.

EL DON MÁS GRANDE DE LA HUMANIDAD

Era un día lleno de sol, el cielo estaba celeste y el perfume de las flores acariciaba a todas las personas reunidas en el atrio de la iglesia. Se celebraba una boda maravillosa; **después de un corto noviazgo, Perla y Donaldo se unían en matrimonio**.

Perla una mujer alegre, bondadosa, de corazón noble. Finalmente, había encontrado a esa persona tan especial que había buscado por muchos años. Un día Donaldo llegó a su vida, y el flechazo había sido inmediato: se conocieron, se enamoraron, y se casaron.

Esta era una boda de ensueños. Donaldo, un hombre íntegro, cariñoso, humilde, de grandes valores morales y espirituales, enlazaba su vida a su preciosa Perla. **Ellos eran astronautas y, luego de su boda, harían el viaje más largo de su vida con una nave espacial: se mudarían a Marte, para colonizarlo.** Este planeta de color rojo era el símbolo del amor, y ahora sería su hogar. Perla y Donaldo habían decidido ser los primeros astronautas en fundar allí una comunidad de seres humanos.

Ya tenían todo preparado y, luego de una breve luna de miel, estaban listos para despegar en la nave espacial de última generación. Viajarían años luz y en Marte fundarían su hogar. **Una de las misiones más grandes que se habían propuesto, además de ser los iniciadores de un nuevo mundo, era crear una fundación.** Era un proyecto hermoso que ambos habían pensado hacía ya tiempo, desde el momento en el cual se conocieron. Porque, cuando ellos empezaron a compartir sus vidas y a profundizar en su espíritu uno con otro, descubrieron que tenían muchas cosas en común y que esas cosas no eran más que los valores más profundos que los unían. **Pero había uno en particular que había transformado sus vidas de manera positiva: el perdón.** Por ello, decidieron fundar una institución sin fines de lucro uniendo esos valores y sus nombres.

Perla es un nombre de origen germano y significa 'que es preciosa'. Donaldo es un nombre de origen celta y significa 'valiente conductor de su pueblo'. Entonces, decidieron utilizar las primeras sílabas de cada uno de sus nombres para fundar Per-dón. **La fundación Per-**

dón tenía por propósito ayudar a todas las personas del mundo que estuvieran en la senda de experimentar este gran poder del ser humano. Perla y Donaldo siempre habían afirmado que perdonar es una de las experiencias más brillantes para el alma; ellos, como astronautas que surcaban el universo y que viajaban años luz, muy lejos del planeta Tierra, habían podido experimentar esa soledad que solo siente quien está muy lejos de su hogar, y allí, en esa soledad, lo que más había elevado su existencia era el arte de perdonar. Esto lo habían hablado, y habían coincidido en que esta experiencia les había resultado extraordinaria. **Por este motivo, además de desarrollar sus labores como astronautas y colonizadores, en Marte querían colonizar las almas de los seres humanos a través del arte de perdonar.** Habían manifestado a sus familiares, amigos y compañeros de trabajo que el don más grande que tiene un ser humano es el arte de perdonar y que ese don era el inicio para todo lo que el ser humano deseara en su vida.

¿Cómo lograron Perla y Donaldo transformar esas experiencias intrínsecas en enseñanzas para otros seres humanos en Marte? Lo hicieron a través de la escritura, para compartir esas vivencias con las personas del planeta Tierra y, por supuesto, también con otros astronautas que surcaban el infinito. **Gracias a la tecnología, con un solo clic podían hacer llegar textos inspiradores a millones de personas de todo el universo.** Habían creado un sistema interestelar denominado Perdonar, que se comunicaba con los teléfonos celulares y los diferentes medios de comunicación digitales en todos los lugares del universo. A través de este sistema de comunicación, empezaron a enviar mensajes.

Utilizaban las estrellas como símbolo. Al hacer clic en una estrella, aparecía en la pantalla de los dispositivos de quienes contaban con este aplicativo un mensaje diario de la fundación Per-dón. Dicho mensaje enseñaba diversas lecciones para que los seres humanos pudieran experimentar el perdón.

En muchas ocasiones, Perla y Donaldo habían explicado a sus seguidores que **el perdón no es teoría, es 100 % práctica, por lo cual, si no se practica, no funciona.** Por eso, el perdón es un don y es el más grande de los seres humanos, porque debemos darlo, y no solamente expresarlo.

En el aplicativo Perdonar, se enseñaba cómo llevar a cabo dicha acción: practicar, practicar y practicar día tras día. Y ¿en dónde se iniciaba el arte de perdonar?: en uno mismo, **perdonándose incondicionalmente todas las culpas, el resentimiento y lo negativo de cada uno, aquello que nos impulsa a castigarnos y dañarnos a nosotros mismos**. Perla y Donaldo enseñaban cómo soltar todo esto a través de algo tan simple como expresar estas palabras: «Me perdono, me perdono, me perdono...». A esta frase se añadía aquello por lo cual uno deseaba perdonarse, por ejemplo, «me perdono por haberme autoexigido; me perdono por haberme dañado, me perdono por haberme castigado...».

Así, poquito a poco, practicando día tras día, las personas lograban sanar a través de perdonarse. **Recién cuando estaban fuertes y habían logrado el autoperdón, podían perdonar a otros seres humanos.** Y entonces comenzaba otra misión maravillosa: cada persona perdonaba todas las ofensas que consideraba que había recibido. Había quienes sentían mucha tristeza, resentimiento y odio; demasiadas emociones negativas, y habían quedado allí atrapadas. Sentían como si cargaran con un yunque pesadísimo, que las lastimaba día a día y hasta llegaba a provocarles enfermedades psicofísicas. Pero cuando repetían: «Te perdono por haberme lastimado, te perdono por haberme hecho daño, te perdono por haberme desilusionado...», **cuando verbalizaban ese perdón y lo sentían en su corazón, conseguían finalmente liberarse de esa atadura**.

Perla y Donaldo también enseñaban el arte de la visualización. Decían a sus seguidores que, cuando verbalizaban el nombre de la persona y la situación que querían perdonar (por ejemplo, te perdono, Juan, por haberme dañado), debían visualizar a la persona en un cielo celeste, en libertad, como una paloma blanca que eleva el vuelo al cielo. **Al visualizar y verbalizar el perdón, este se hacía nítido, y quienes ponían en práctica esta técnica podían palparlo, olerlo, sentirlo; podían empoderarse con el don de perdonar.**

De esta manera, cada hombre y cada mujer se convertía en un superhéroe, en una superheroína, porque había descubierto el arte de perdonar: el valor más grande que tiene el ser humano y que solo puede ser parte de cada persona en la acción, cuando se ejerce ese poder día tras día.

La fundación Per-dón, desde el planeta Marte, enviaba sus estrellas hacia la Tierra, y permitía que esa luz iluminara el alma de los seres humanos y que cada persona encontrara en el arte de perdonar el renacimiento infinito de su espíritu. Cuando Perla y Donaldo cumplieron su primer aniversario de matrimonio, se hicieron un regalo muy especial para ellos mismos, pero en especial para la humanidad: **regalaron a todos sus seguidores el Decálogo del perdón** y, a través de estas diez lecciones, siguieron trabajando arduamente en hacer del arte de perdonar la promesa vívida más hermosa para las personas. El objetivo era que la vida sea esa poesía fragante que todos merecemos, una primavera eterna que solo se puede acariciar cuando hemos comprendido el arte de perdonar.

DECÁLOGO DEL PERDÓN

1. Solo por hoy, me perdono incondicionalmente por todos mis errores y equivocaciones del pasado.

2. Solo por hoy, «reciclo» todos mis fracasos y los transformo en abono para el éxito.

3. Solo por hoy, me amo y me respeto tal como soy, con la certeza de que ya me he perdonado y estoy libre de culpabilidad y resentimiento.

4. Solo por hoy, perdono a todas las personas que me hicieron daño. Lo hago de todo corazón y con una sonrisa llena de buenos sentimientos.

5. Solo por hoy, elijo vivir a la luz de la paz, dejando flamear una bandera blanca de libertad en mi alma.

6. Solo por hoy, mi vida es mejor porque estoy libre de las cadenas del odio y de la falta de perdón.

7. Solo por hoy, soy una mejor persona porque he aprendido a perdonarme y a perdonar a todos, sin excepción.

8. Solo por hoy, mi espíritu ha evolucionado porque he puesto la cuenta del perdón en cero.

9. Solo por hoy, agradezco a todas las personas que me han perdonado y acepto el perdón que, con amor, me han regalado.

10. Solo por hoy, ofrendo el «don» del perdón, con la convicción de que es el mayor tesoro que puede brindar mi corazón al universo. Perdono todo lo que me ha lastimado en el pasado, en el presente y en el futuro.

«Nada se iguala al
SUPERPODER DEL
PERDÓN para sanar tu
corazón».

Analía
Exeni
www.analiaexeni.com

Academia
Autores
D·EXITO

Analibro®

Ediciones
Autores
D·EXITO

La magia de ser feliz

Querida hija, eres un lucero que guía mi existencia hacia los mejores puertos.

Tu luz es maravillosa e irradia amor.

Te admiro mucho y te quiero más que a mi vida.

Cuando pienso en algo bonito, siempre la realidad supera mis expectativas...

Que los éxitos sean infinitos en tu vida, y la felicidad, perpetua.

Que hoy y siempre seas muy feliz y tengas muchísimos motivos para sonreír.

Que hoy y siempre seas muy feliz y tengas muchísimos motivos para celebrar el milagro de existir.

Que hoy y siempre seas muy feliz y se dibuje en tu rostro la alegría de vivir.

Amor y respeto serán las armas que te permitirán llegar al universo.

Cada cosa que no haces para tu bienestar psicofísico es un paso atrás, y cada cosa que sí haces por tu bienestar son dos pasos adelante. Recuérdalo siempre y ponte primero, en el podio de tu vida, para cuidarte, mimarte y amarte sin condiciones.

Quiero felicitarte de todo corazón por haberte atrevido a cumplir tu gran sueño de ser escritora y poeta y por atreverte a trascender al mundo entero a través de tus maravillosos libros.

Tu legado será eterno y la continuación de tu propia existencia, porque en las páginas de tus obras literarias quedará viva tu alma.

Disfruta muchísimo de tu hoy y también de todos los días subsiguientes; que tu vida sea larga y próspera es mi mayor deseo.

La vida, tu vida, es una obra maestra de amor que trasciende el mundo y el universo.

No es más feliz quien tiene el auto más caro ni la casa más lujosa, sino quien tiene el alma más poblada de rosas.

Recuerda siempre dar de todo corazón y ser generosa con todas las personas que te rodean, porque la generosidad será tu oasis en cualquier desierto.

Te amo inmensamente, aquí, ahora, mañana y siempre.

Delfina, amada hija, eres un ser de luz y amor.

Cantautora de sueños,

me siento muy feliz e infinitamente agradecida por tus palabras de aliento, que siempre me llegan al corazón.

Te agradezco eternamente por contagiarme tu magia y tu alegría.

Eres mi máxima dicha, eres mi máximo orgullo, eres mi máxima creación.

Te amo,

Mamá.

¡Aquí y ahora tengo todo lo que necesito por el resto de mi vida!

Cuando el viento me deja sus minúsculas caricias en el rostro, siento que la vida deja de ser promesa para ser poesía.

Cuando un vaso de agua calma mi sed en un día de verano, comprendo que la abundancia se hace presente y me siento bendecida.

Cuando he llegado de un largo viaje y cruzo los umbrales de mi hogar, el cansancio se convierte en gratitud.

Cuando acaricio el rostro de mi hija y miro sus profundos ojos, comprendo que ese momento es el mayor tesoro que poseo.

Cuando tengo una larga jornada de trabajo y al fin me siento a la mesa con un plato de alimentos, me doy cuenta de que soy muy afortunada y doy las gracias por tanta dicha.

Cuando recibo el cariño de mis mascotas, entiendo que la riqueza ha llenado mi corazón por completo.

Cuando estuve enferma y sentí que mi vida se iba, en un instante de fe pude recuperar mi frágil existencia; entonces, comprendí que mi espíritu era más fuerte que mis huesos.

Cuando la vida me golpeó y me dejó muchas heridas dolorosas, recordé que Dios jamás me ha dejado sola y, en su compañía, recuperé el valor de seguir adelante, con fortaleza.

Solo por hoy

Solo por hoy respeto y soy respetada.

Solo por hoy amo y soy amada.

Solo por hoy perdono y soy perdonada.

Solo por hoy mi vida es todo lo que siempre he soñado.

La fe es capaz de hacer realidad todos los anhelos de tu corazón

La fe es como la capa de invisibilidad de Harry Potter, que lo protege de los peligros;

pero la fe bien entendida te hace invencible de veras.

La fe eleva tu vida a esa morada donde la paz es perpetua y los sueños siempre te acarician a la luz del día.

Escribir para ti es lo que le da sentido a mi existencia

Para ser una mejor persona... escribo.

Para bajar el cielo a la tierra... escribo.

Para no morir... escribo.

Para inmortalizar mi alma... escribo.

Para acariciar tu corazón... escribo.

Para vivir en plenitud... escribo.

Para dejar de llorar... escribo.

Para ser feliz... escribo.

Para hacer oír mi voz en todo el planeta e ir más allá del universo... escribo.

¡Escribir para ti es lo que me mantiene viva!

Gracias por ser la estrella de Belén en mis noches solitarias.

Gracias por permitirme verter la tinta de mi corazón en una obra literaria.

¡Tonifica los músculos de tu espíritu!

Cultiva en tu corazón un supersueño XXL, capaz de edificar un imperio de amor desde cero.

Ejercita los músculos de tu alma cada vez que te sientas derrotado.

No hay mayor fracaso que dejar de intentarlo.

¡Sigue adelante siempre!

Que no te detenga un aguacero, ni el granizo ni un terremoto.

Eres más fuerte de lo que imaginas, tan solo debes tonificar los músculos de tu alma para vencerte a ti mismo y ser mejor hoy de lo que fuiste ayer; así serás excelente mañana.

No estamos en este mundo para juzgar, sino para perdonar

Cuando perdonas estás trascendiendo a la dimensión del amor y la felicidad verdaderos.

El perdón es una práctica, porque la teoría te estanca.

Perdona a todos.

Perdónate a ti.

Perdona las ofensas y los agravios y, cuando ya hayas perdonado, jamás vuelvas a recordarlo.

Sepulta en un ataúd todo el odio y los resentimientos del pasado y del presente y entiérralos tres metros bajo la tierra del olvido.

El perdón es divino... el rencor es humano

Cometer errores es humano. Perdonar es divino.

Si quieres que Dios derrame infinitas bendiciones sobre ti, primero debes soltar todas las cadenas que te atan al rencor.

Porque el perdón es divino y el rencor es mundano.

Lo más grave no es que alguien te haya hecho daño, porque eso, tristemente, sucede y muchas veces es inevitable,

pero hay algo que es más grave: que tú voluntariamente te hayas dañado.

En ocasiones, los seres humanos nos lastimamos por acumular malos sentimientos hacia nosotros mismos y hacia los demás.

Todo inicia por uno mismo, primero, dando ese gran paso, que es amarnos y respetarnos.

Muchas veces no es fácil, pero sí es posible lograrlo con cariño y esmero.

Nada ni nadie te dará más paz y plenitud que haberte autoperdonado.

¡Adelante, tú puedes lograrlo!

El perdón es un paraíso espiritual

La vida es hermosa cuando caminamos livianos,

cuando hemos soltado todo el peso de nuestras espaldas y nos hemos despojado de eso que nos oprimía el pecho.

Suelta todas las espinas de tu alma.

Recuerda siempre que el perdón es un paraíso espiritual.

Sonreír es algo natural y deberías hacerlo más a menudo...

¿Conoces todos los beneficios de la risa?

Ríe, y que tus carcajadas se oigan en toda la Vía Láctea.

Debes usar más a menudo ese poder natural que tienes a tu alcance.

El mundo está lleno de superheroínas y superhéroes que habitan en un paraíso terrenal... ¿eres tú uno de ellos?

El que perdona tiene el mayor premio del universo

Hoy puedes convertirte en una persona millonaria y hacerte acreedor del mayor premio del universo: el perdón verdadero.

Porque el que perdona obtiene la recompensa más importante del cielo: la paz espiritual... una de las pocas cosas que no se puede comprar con dinero.

No es más rico quien tiene más dinero en el banco, sino quien tiene más paz en el alma

En la Bolsa de Valores de la vida, la paz cotiza en alza.

Allí donde halles paz, por favor, tómala a manos llenas, porque ella es la fortuna más valiosa para tu existencia.

Empresaria de las palabras

Cada vez que contemplo la desnudez de una hoja en blanco y tengo el privilegio de vestirla con mis palabras, siento la riqueza en estado puro que toca mi alma.

Es esa clase de cosas que hacen que todo valga la pena, a pesar de los infortunios y las adversidades.

¡Siempre encuentro una señal que me indica que vivir vale la pena!, que intentar es mejor que rendirse y que perseverar tiene más sentido que encallar nuestra embarcación en un arrecife.

¿Qué haces a diario para darle sentido a tu existencia?

¿Cuál es tu empresa?

Yo soy una empresaria de las palabras.

Dedico mi existencia a plasmar en papel los retazos de mi alma.

Toda la vida cobra sentido cuando ejerzo mi oficio de escritora.

Mi labor es mi pequeño paraíso privado, es esa clase de nirvana al que solo se accede cuando tenemos la valentía de hacer oír la música de nuestro corazón.

Ser una empresaria de las palabras significa poner mi alma en un pedacito de papel.

Autor de éxito

Escribir un libro es una bendición.

Es dejar tu voz eternizada como la nieve del Himalaya.

Si hoy tomas la iniciativa de crear tu propia obra literaria, ¡permíteme felicitarte!

Me da mucho gusto saber que serás protagonista de tu propio libro y que tu luz llegará a millones de personas.

Nunca sabrás hasta dónde puedes llegar si no lo intentas.

¡Adelante, autor de éxito! Deja inmortalizada tu voz con la tinta de tu corazón.

Ser autor de un libro es algo realmente especial,

es compartir un pedacito de tu alma con el universo, ¡y eso es mucho decir!

Me siento muy orgullosa de ti y te auguro muchísima prosperidad hoy y siempre.

¡Muchísimas felicidades para un gran autor de éxito!

Un abrazo lleno de bendiciones y de amor, hoy y siempre.

Querido autor de éxito, tu libro será una llave de amor,

podrá mejorar numerosas vidas,

muchas personas serán más felices, más libres, más dichosas

a partir de leer y poner en práctica las enseñanzas que compartirás en tu obra literaria; estarás dando herramientas para empoderar muchas almas.

Mi amado autor de éxito, deseo de todo corazón que este legado que es hoy tu libro perdure perpetuamente para el mayor bien de los seres humanos que lo lean.

Recuérdalo siempre: tu libro es una llave de amor que te abrirá los portales del universo.

Tu libro es la semilla que germinará en infinitos corazones de generación en generación.

Tu voz jamás callará porque seguirá viva en las páginas de tu libro.

Sueños para escuchar

¡Aquí brilla la felicidad!

Un día común se puede convertir en extraordinario.

Una vida vacía puede estar llena.

Una lágrima puede ser de risa.

Una crisis puede hacer mejor tu vida.

¡Tus sueños se pueden escuchar!

Las melodías de tu corazón pueden cantar.

Tu pecho está plagado de sueños que quieren gritar.

Canta todos los días las canciones que tejes en tu alma.

Tu voz y tu alegría serán tu varita mágica.

¡Somos canales de bendición para otros seres humanos!

Contagiamos ilusión cuando regalamos una sonrisa y secamos la sal de las mejillas de un ser humano.

Somos ejemplo cuando amamos y respetamos de manera incondicional.

Somos un canal de bendición si transformamos las sombras en luces para el espíritu.

Somos un canal de bendición cuando ejercemos el arte de ser padres felices, amando y respetando a nuestros hijos tal como son.

Somos un canal de bendición si amamos y respetamos a todo ser vivo: animales, plantas, amigos, familia, e incluso enemigos. Todos merecen ser amados y respetados por igual.

Trata a los demás mejor de lo que te gustaría ser tratado… allí radica la mayor bendición para la humanidad.

Hay personas que sufren en silencio y otras que lo hacen a gritos; para todas ellas, nuestra mano amiga puede ser un pedacito de alivio.

El gran desafío siempre es ser una pizquita más feliz que ayer…

¿Será posible?

¡Sí, es posible!

¡Sí, se puede!

Porque las luces y las sombras de una persona solo resplandecen al calor del amor.

Leyendo las páginas de tu corazón, hallarás la respuesta a todos los interrogantes del mundo.

Porque toda la sabiduría del universo está en tu interior.

El camino de la verdad es luminoso. El camino de la mentira es tenebroso

Decir la verdad, a veces, duele, pero es la mejor medicina.

Mentir, a veces, alivia las penas, pero a la larga lastima y te mata en vida.

Verdad y mentira… solo una elección,

una constelación.

Eclipse del alma

Coronada de diamantes está la Vía Láctea.

Ojos inmensos tiene el universo.

A través de cada destello, el corazón deja un suspiro.

La luna es mensajera de mis epístolas.

Ahora mi semblante es opaco…

Mañana seré sol radiante.

Mañana podré volver a brillar como un diamante.

Y, como un dragón efervescente, el ímpetu de mi alma será una llamarada nuevamente.

El cielo en la tierra

¿Cómo podemos crear el cielo en la tierra?

Hay dos caminos que nos llevan en línea directa al paraíso terrenal.

Ellos son el amor y el perdón.

Porque el que perdona será perdonado.

Porque el que ama será amado.

Si construyes un cielo en tu corazón, habitarás en él todos los días de tu existencia...

Pero, si construyes un infierno en tu interior, morirás a diario sin darte cuenta.

La vida es demasiado corta como para desperdiciarla.

¡Vive en un edén a partir de amar y perdonar a todos, iniciando por ti, en primera persona del singular!

Renacimiento espiritual

No me da tanto miedo la muerte como el seguir viviendo de esta manera.

Siento una tristeza que me ahoga el alma.

En un cuarto con los colores del mar, inicié mi renacimiento…

un renacer espiritual.

A veces siento temor y mi corazón se retrae y solloza.

A veces siento alegría y mi alma baila y goza al compás de las caricias del sol.

Soy una persona feliz que está entristecida, porque los golpes de la vida me han lastimado profundamente.

Muchas veces he preferido la muerte a una vida vacía y dolorosa…

pero, en esos instantes de miseria emocional, una migaja de amor siempre me hace florecer.

Como lo hacen los álamos cada primavera, mi alma así se viste de verdor y la savia sube como la espuma que el mar agita embravecido.

Mi corazón late junto al tuyo.

Te fuiste muy lejos, pero tu aroma es eterno.

Los inviernos duros me han moldeado y me han hecho más serena.

Hoy ya no busco nada...

solo abrazo lo que encuentro en mi camino y doy las gracias por las lágrimas y las risas.

Hoy es todo lo que tengo para el resto de mi vida

A muchos de nosotros nos han enseñado que el mañana es más importante que el hoy,

nos han dicho que el futuro es más importante que el presente

y que la vida siempre es mejor en un tiempo diferente al actual.

Se han olvidado de decirnos que el hoy es la única realidad.

¿Cuándo voy a morir?

Ese es un misterio que prefiero no descifrar...

porque es un enigma demasiado difícil de sobrellevar.

Solo sé que en el hoy se realizará el resto de mi vida.

Quiero hacer que mi presente valga la pena...

aunque muchas veces lo boicoteo, lo aporreo, lo abofeteo... a pesar de ello, lo sigo intentando, y eso ya es mucho decir.

Hacer lo mejor que puedo es lo mejor que puedo hacer.

A veces, el presente duele más que el ayer y más que el futuro.

A veces, el hoy es lacerante.

A veces, el tiempo real es como un naufragio.

A pesar de ello, aún existe en mi corazón esa esperanza de ver la costa y caminar por la orilla del mar.

El amor es el trampolín que te eleva hacia el perdón

Un día me contaron que una persona murió por falta de perdón.

Sucedió que había acarreado por tantos años un resentimiento que, al final, este celebró su funeral, cavó su fosa y lo enterró.

Nadie nos enseña que el odio nos mata.

Nadie nos enseña que el resentimiento nos enferma.

Nadie nos enseña que la única medicina capaz de sanar el alma del ser humano es el amor.

Hoy tenemos la oportunidad de recordar que el amor es el trampolín que nos eleva hacia el perdón.

¡Vuela alto!

Deléitate con las caricias del sol y forma, con los copos de las nubes, un altar para el perdón.

Perdonar es elevar tu alma a otra dimensión

Si has sabido cultivar el perdón en tu corazón,

vas a poder cosechar una vida llena de riqueza celestial.

El perdón es un don y,

como todo don, solo funciona cuando lo damos de corazón,

cuando lo entregamos a cambio de nada,

cuando somos generosos a la hora de perdonar.

Solo perdonando tu alma se elevará a otra dimensión espiritual,

a ese edén terrenal que es vivir y dormir en paz.

Un día más de vida...
¡qué bendición!

La vida es mezcla de torbellino, llovizna, granizo, tsunami y, de vez en cuando, una luz nítida aparece para hacernos saber que todo ha valido la pena...

Hoy tengo un día más de vida.

¡Doy gracias!, porque la gratitud es mi varita mágica.

Así inicio cada mañana,

así inicio cada nuevo día.

¿Te has puesto a pensar en todas las maravillas que tienes a tu alcance?

Enumera todas las cosas que tienes actualmente en tu vida y que te hacen un ser humano millonario.

Inicia por tu propia vida, porque, si estás leyendo esto, es que estás con vida...

¡Da gracias por tu existencia!

Da gracias a diario por todo lo que tienes y bendice tu abundancia.

La gratitud multiplica mil veces tu dicha y reduce un millón de veces tus tristezas.

Hoy es un día para celebrar la vida y todas sus maravillas.

Doy gracias a Dios por la dicha de un nuevo día latiendo en mi pecho.

Que todas las bendiciones del cielo lleguen a mi corazón y a mi vida hoy y siempre.

No compres una silla nueva sin antes sentarte en ella

Un día compré por catálogo un juego de sillas verdes; eran muy bonitas y elegantes.

Pero luego descubrí que eran sumamente incómodas.

Así también pasa en la vida con muchas cosas.

En ocasiones, nos ilusionamos con espejitos de colores, que prometen brillo y luz, pero a la larga nos damos cuenta de que solo eran maquillaje.

Por eso, es mejor tener cautela y tomarnos el tiempo de conocer a fondo aquello que tanto nos ilusiona.

No vaya a pasar como con mi silla verde, que sigue siendo incómoda.

La vida tiene ese sabor a más...

Viajar en colectivo hasta el final del recorrido.

Andar en bici a la orilla del mar y provocar con el pedaleo chispas de sal.

Comer pizza de ayer en el desayuno.

Chapotear en la lluvia con botas de goma viejas o con zapatillas nuevas.

Sonreír a un desconocido y sacarle de los ojos una gota de brillo.

La vida tiene ese sabor a más...

Conocer un lugar donde el tiempo se quedó detenido.

Encontrar nuevos matices al arcoíris.

Viajar en clase económica, pero con sueños de primera clase.

Ir por todo y por más.

Romper las reglas de vez en cuando y dar el doble o el triple sin esperar nada a cambio.

Enseñar con el corazón.

Bailar bajo la luna.

Contar un cuento a un adulto para recobrar su niño interior.

La vida tiene ese sabor a más…

Dar amor eternamente.

Besar y abrazar por demás.

Tomar mate con esa persona especial.

Florecer en valores y marchitar en penas.

Tomar un helado de cinco sabores.

Viajar a la playa en invierno solo para tiritar de placer con el majestuoso mar.

Vivir enamorados de la vida todos los días.

Cantar, silbar y tararear.

Vivir plenamente, en lugar de sobrevivir.

Jamás descuidar el ahora pensando demasiado en el mañana o en el ayer.

La vida tiene ese sabor a más...

Un nuevo día por nacer y, con él, las oportunidades vestidas de blanco.

Como la flor de loto, que crece en las más terribles adversidades, pero que se convierte en la más bella y fragante poesía viviente.

¡Sé el presidente de tu vida!

Sueños de talla XXL acunas en tu corazón.

Tu talento es inmenso,

despliega las velas de tu alma y vuela a tierras desconocidas.

¡Coloniza un nuevo universo!

Hoy comienza ese viaje que tanto has esperado,

hoy inicias tu vida de ensueño.

Una persona que sabe perdonar ya ha ganado su libertad espiritual

Siempre estás latiendo en mi corazón.

Eres especial para mí.

La luz de tus palabras me llena de amor.

Te amo incondicionalmente porque mi alma ya te ha perdonado.

Al fin he ganado mi libertad espiritual.

El mejor año de mi vida ya inició

El mejor año de mi vida inicia con proverbios de éxito.

El mejor año de mi vida inicia con máximas que mi corazón escribe con la tinta de la experiencia.

El mejor año de mi vida inicia con las palabras del alma, esas que vienen recargadas de dolor y coronadas de espinas, pero que son la sabiduría misma.

El perdón es un superpoder humano

Perdonar es como vivir un hermoso sueño con los ojos abiertos,

esas cosas de la vida que no tienen precio y son un regalo para el alma.

Toma una foto con la lente de tu corazón...

Brilla con la luz de tu espíritu.

¡Qué maravilloso es sentir el superpoder del perdón!

El mejor regalo es el presente

La vida es simple,

solo tenemos que abrazar, besar, bailar, brindar, disfrutar...

pero hoy;

no postergar para después o para mañana, porque nadie tiene nada asegurado.

Solo por hoy estoy viviendo en la sintonía del amor y del perdón y, en esa senda, no existen rencores,

no existen más que intenciones y acciones para hacer el bien a todo el mundo.

Me siento feliz y en paz viviendo así.

Soy una persona muy agradecida por una nueva oportunidad de vivir otro día.

¿Acaso se puede tener más?

Eres protagonista de tu vida, la estrella principal de la película

Extrae de cada situación negativa una oportunidad,

así como las abejas extraen el polen de las flores y con ella hacen la miel más deliciosa, que te deleita como un manjar.

Si tienes el foco en tu verdadero propósito, las dificultades jamás serán un obstáculo para la consecución de tus metas.

Todo en la vida es una decisión, que te edifica o te destruye.

Siempre podrás escoger el papel protagónico o ser antagonista.

El verdadero éxito es poner en práctica tus ideas genuinas.

Hoy es un nuevo comienzo, hoy el sol ha salido para ti, hoy eres protagonista de tu vida:

la estrella principal de la película.

Hoy tienes una segunda oportunidad de hacer todo lo que ayer no pudiste lograr.

Deja de ser solo una persona grande y conviértete en una gran persona

Es hora de despertar y comenzar a vivir.

Porque la vida no se trata de esperar que las cosas sucedan, sino de redoblar la apuesta por vivir y descubrir las maravillas del existir.

Suelta los problemas.

Apártate de la gente negativa.

Sintoniza con la abundancia infinita en todos los órdenes de tu vida.

Abuelos

Ángeles que bajaron del cielo;

algunos usan anteojos,

otros usan boina o sombrero.

Algunos son clásicos,

otros son modernos.

Son seres mágicos porque convierten en realidad los deseos.

Hacen cosquillas,

regalan caramelos,

cuentan cuentos,

saben historias viejas y las relatan con mucho talento.

Escuchan poco, pero oyen mucho.

Son sabios,

¡Son los superhéroes más bellos!

Algunos usan dentadura postiza,

otros ya no tienen pelo.

Todos tienen un corazón inmenso.

Algunos andan en silla de ruedas o usan bastón,

caminan despacito;

por eso, debemos ayudarlos con amor y respeto.

Otros abuelos andan en bicicleta,

algunos en auto,

otros conducen camionetas.

Hacen comidas deliciosas con aroma intenso,

saben tejer hermosas prendas.

Y aprenden de los niños a desparramar inocencia.

También hay bisabuelos,

algunos tienen la dicha de tenerlos.

Son lo máximo,

Son seres mágicos,

son los padres de los abuelos.

El amor es el camino hacia el perdón

En el mundo actual, vivimos conectados con un enorme caudal de energías negativas: odio, desdicha, estrés y malas relaciones con otras personas y (para peor) con nosotros mismos. Desde allí, lo único que podemos construir es un escenario negativo, que nos lleva a autodestruirnos. Este escenario se encuentra muy alejado de una vida dichosa, y los seres humanos vamos terminando así con nuestra existencia. **Los días se convierten en algo desagradable, pasan tristes, melancólicos, y no queremos ni levantarnos para iniciar un nuevo día.** Así pasamos días, meses y hasta a veces décadas sumergidos en una mala forma de vivir.

Muchos de nosotros acarreamos un peso tremendo: la falta de perdón, que inicialmente se origina en nosotros mismos. Nos culpamos por cosas que no nos salieron como las esperábamos, perdemos la paciencia cuando no alcanzamos los resultados a los que apuntábamos... y **esto se debe a la falta de cariño**

hacia nosotros mismos y a la carencia de una visión positiva que nos permita mejorar día a día nuestra existencia.

Allí donde no nos perdonamos por esos errores que hemos cometido, por nuestros fracasos y por todo aquello que no salió como esperábamos, empieza un derrotero de insatisfacción, un camino empinado de desdicha y una forma de vivir muy desagradable. Es en este escenario donde nosotros aprendemos a no perdonarnos, pero sí a castigarnos. Lo hacemos con palabras negativas, usando un lenguaje inapropiado con nosotros mismos. **Así inicia un infierno en nuestra vida, que terminamos trasladando a los demás.** Porque, si nosotros no nos perdonamos, mucho menos podremos hacerlo con los otros.

La falta de perdón es la mayor cárcel de la humanidad; es esa prisión en la cual voluntariamente habitamos y vivimos en penumbras, lejos de la luz del sol y de ese paraíso que significa una vida llena de amor. **Porque el amor es el único camino hacia el perdón.**

Pero ¿dónde inicia esa senda que necesito transitar para salir de esta, que me impuse yo mismo? El perdón inicia en el corazón, en el núcleo de cada persona. Es allí donde, poco a poco y con paciencia, tenemos que ir construyendo todo lo que necesitamos, primeramente, para perdonarnos y, en segundo lugar, para perdonar a los demás. Si nosotros pretendemos perdonar a otras personas sin antes habernos perdonado a nosotros mismos, estamos cometiendo una gran equivocación porque no solo no vamos a lograr perdonar a nadie, sino porque, además, vamos a lastimarnos y a lastimar a las otras personas. El camino es opuesto, debemos retroceder antes de avanzar. ¿Retroceder hacia dónde?: hacia nosotros mismos, hacia lo más profundo de nuestros corazones. **Allí, en ese centro de poder infinito, podremos iniciar un acto maravilloso, que es el de perdonarnos profundamente por todo lo que ha sucedido en nuestras vidas**, voluntaria o involuntariamente, hasta llegar al punto de tener vacía la cuenta del perdón y que no nos quede nada que reprocharnos o cuestionarnos, nada por lo cual castigarnos.

Es necesario saber que todas las equivocaciones no son más que experiencias, lecciones que la vida nos pone para poder hacernos más fuertes, para poder construir el músculo de la sanación, del amor, del crecimiento espiritual. **Cuando nosotros nos autoperdonamos, abrazamos profundamente la sabiduría que tenemos en nuestro espíritu.** Solo el amor te permite revelar la mejor versión de ti mismo.

Muchos de nosotros recordamos que, cuando de pequeños estábamos enfermos, más allá de los medicamentos que nos podía dar el doctor, lo más sanador era recibir un abrazo y un beso de mamá, de papá o de la persona mayor que nos cuidaba. Ese acto de cariño es trascendental y permite que el ser humano mejore cualquier dolencia, aun las más difíciles. **Pero, al crecer, vamos olvidando que la esencia del ser humano es el amor, y muchas veces nos alejamos de eso tan trascendental para nuestra vida.** Si comprendemos que el amor puede transformarnos en nuestra mejor versión, podremos evolucionar hasta niveles inimaginados.

Tristemente, nos conformamos con lo opuesto, con vivir una vida de insatisfacción y mediocridad, una vida alejada de nuestros máximos sueños. Entonces, poco a poco vamos volviéndonos personas insatisfechas, que no están a la altura de su potencial. Y nos vamos adaptando hacia abajo, cuando lo ideal es adaptarnos hacia arriba, desafiarnos a nosotros mismos e ir a construir esa gran vida que nos merecemos. Solo a través del amor podemos revelar nuestro máximo potencial y construir una vida colosal; solo a través del amor podemos llegar un día a acariciar la felicidad. Sin lugar a dudas, es el amor lo que mueve el mundo, lo que hace que las estrellas destellen, que cada amanecer brille y se coloree, que los árboles reverdezcan en primavera y las flores nos regalen su perfume, que la vida tenga sentido. El amor es lo más hermoso que podemos tener los seres humanos y es tan inmenso que nos llena el pecho, nos ilumina la mirada y transforma los días tristes en aterciopelados a través de una sonrisa. **El amor es eso invisible que nos levanta de la más profunda soledad y nos hace sentir seres poderosos y especiales.**

Cuando nacemos, traemos ese poder intrínseco en nuestro corazón, y es como una semilla que poco a poco va germinando para un día florecer en una maravillosa obra maestra, dispuesta a regalar esplendor a todas las personas que nos rodean. Eso tan especial es el amor que los seres humanos tenemos en nuestra alma, y es tan simple que, en ocasiones, no nos atrevemos a descubrirlo porque, a veces, lo simple es despreciado. Las personas buscamos resultados en aquello que resulta difícil, pensando que la simpleza no merece la pena. **El amor es maravilloso, es simple y solo necesita que a diario nos conectemos con esa fuente de poder interna que, como la Vía Láctea, está dispuesta a iluminar nuestro mundo y a todos los que habitan en él.**

Si podemos comprender esta simple ecuación y luego ponerla en práctica, estaremos llevando adelante algo tan grande que puede cambiar el mundo e incluso el universo; si cada ser humano descubre en su núcleo un poder descomunal a través del amor y ese poder conecta a todas las personas, nuestro mundo puede ser ese lugar especial que ahora solo podemos soñar, pero que mañana puede ser un gran paraíso terrenal. El Edén no es solo un sitio del que podemos leer en las páginas de un libro o en los versículos bíblicos, sino que además podemos hacerlo realidad aquí, en la tierra, durante nuestra corta existencia.

Es tan limitado el tiempo que vivimos que, muchas veces, partimos sin descubrir que **el perdón es el cielo en la tierra, ese universo perfecto que nos permite acariciar las cosas más bonitas.** Porque el perdón nace del amor, y el amor es lo que propicia todo lo hermoso que podemos disfrutar en nuestra corta existencia.

Una cadena de amor inicia con una sola acción

Hoy te extiendo mi mano.

Hoy te ofrezco mi abrazo.

Hoy quiero darte todo lo que poseo, hoy quiero ofrecerte mi corazón por completo.

La dicha del buen vivir es saber compartir lo poco o mucho que poseemos.

No todo en la vida es dinero.

No todo en la vida hay que pagarlo.

Dar es importante.

Dar es riqueza.

Dar y recibir amor es la mayor grandeza.

Asume tu liderazgo; asume tu poder ilimitado

Suelta el timón y zarpa hoy mismo al paraíso que te has prometido, ve y créalo,

porque tienes un talento ilimitado para hacer realidad tus más grandes sueños.

Tu luz será un maravilloso ramillete de chispas que abrirá caminos a otras personas.

Lo único que nadie te puede devolver es el tiempo perdido.

Siempre podrás arrepentirte de algo que no has hecho… pero de intentarlo jamás te arrepentirás y, si te va mal, habrás ganado experiencia,

pero, si triunfas, te habrás ganado a ti mismo.

Eres el emperador de tu vida. Tu poder es ilimitado.

Tu poder es infinito.

El imperio más grande del ser humano es el amor

El amor es el amo de la humanidad.

Permite que el amor gobierne tu vida.

Entrégate a él con la confianza de que hará maravillas en tu existencia. Te elevará y te llenará de dicha.

EL EMPODERA-DOR

Dor era un hombre muy especial; el sonido de su nombre se asemejaba a la pronunciación de la palabra *puerta* en inglés, y él era una persona robusta como un roble o como, justamente, una puerta enorme, de doble hoja, de esas que se abren de par en par y permiten a las personas ingresar a un lugar excepcional. **Solamente al presentarse con una mirada, una sonrisa o un apretón de manos, Dor hacía sentir al otro algo especial.**

Había trabajado por muchos años en una empresa y había llegado al puesto más alto, el de director. Se trataba de una compañía de servicios financieros, que se dedicaba a prestar dinero y a facilitar recursos económicos para la expansión de otras empresas. Y Dor había logrado escalar hasta la cima, en una carrera realmente fantástica. El secreto de su éxito no era ser un excelente académico ni un brillante hombre de negocios; el secreto de Dor era mucho más sencillo y, por lo tanto, muchas veces no se lo consideraba un ejemplo.

Y es que las personas consideraban que la manera de llegar a un puesto ejecutivo tan alto era tener una maestría en Harvard, o experiencia en compañías multinacionales, o haber recorrido grandes empresas en el exterior para ver su funcionamiento... **Pero Dor nunca había salido de la Argentina, donde había nacido y vivido toda la vida.** Este es un país que continuamente atraviesa diferentes crisis económicas, y él había logrado fortalecerse y escalar en una empresa hasta la cima. Entonces, muchas personas no comprendían cómo, en un entorno tan negativo, Dor había logrado conseguir tanto prestigio, fortuna y, fundamentalmente, ser una persona tan próspera y dichosa. Era envidiado por algunos y admirado por otros. Sin embargo, lo más importante para él era ser agradecido con la vida y, en la medida de lo posible, ser feliz.

¿Cuál era el secreto de Dor para haber logrado tanto en un entorno tan adverso y haber conseguido construir una vida a la medida de sus más grandes sueños? **Su secreto era ver en los demás su máximo potencial.**

Él recorría la empresa diariamente. Esta constaba de ocho pisos, y él los recorría uno a uno. Cada mañana, dejaba su auto en el estacionamiento y ahí mismo empezaba a saludar. Primero, a las personas que trabajaban en el subsuelo; les estrechaba fuertemente la mano, les preguntaba cómo estaban ellos y sus familias... Así, pasaba mucho tiempo fuera de la oficina, lejos de la computadora, de la inteligencia artificial, y muy cerquita del corazón de cada ser humano que trabajaba allí. Cada vez que tenía la posibilidad de charlar con una persona, se enfocaba en su potencial, en lo máximo que esta podía dar y en exaltarla, felicitarla y animarla. **Por tantos años había actuado de esta manera que lo habían apodado el empodera-Dor.**

Ese edificio de ocho pisos se iluminaba a diario con este ser humano tan especial y poderoso que hacía brillar a otros. Como vimos, **el secreto de Dor no era tanto su propia luz, sino que esta encendía la de los demás.** Así, para quienes se lo cruzaban, un día gris se transformaba en un día luminoso. Gracias a él, las lágrimas de muchas personas se habían convertido en gemas; muchos dolores, en diamantes; muchos fracasos, en éxitos, y muchas situaciones difíciles, en risas, recuerdos y experiencia.

Cuando la empresa constaba de un solo piso y los trabajadores no excedían los treinta, el recorrido que Dor hacía diariamente era algo fácil, y solo le llevaba una hora; pero, en la actualidad, con ocho pisos y tantas personas trabajando allí, estrechar manos, abrazar y conversar con cada una requería de mucho más. Pero Dor lo hacía de una manera maravillosa. Disfrutaba con cada conversación y se tomaba el tiempo de hablar a un nivel personal y profundo, sin interrupciones de ningún tipo. Quizás no eran más de cinco minutos, pero **el tiempo que dedicaba a esa persona especial era de calidad**. Y esa interacción era de tanto valor que el empodera-Dor lograba sacar el mayor brillo de ese ser humano, al cual le regalaba esos poquitos minutos de profundo contacto, durante los cuales no solamente conversaban a nivel humano, sino también a nivel espiritual.

Muchas personas habían trabajado por décadas en esa compañía y, en ocasiones, habían recibido ofertas de otras empresas de mejores trabajos, sueldos o proyectos, pero, al momento de pensar seriamente en cambiar de empleo, recordaban al empodera-Dor y decidían quedarse, no por la empresa, sino por ese ser especial que a diario los hacía brillar.

A lo largo de los años, mucha oscuridad se transformó en luz, muchas lágrimas se volvieron joyas, mucho dolor transmutó en rica experiencia y mucho sufrimiento se convirtió en un oasis de prosperidad. Esa era la experiencia que a diario se vivía, se respiraba, se tocaba y se olía en ese edificio de ocho pisos, donde un hombre sencillo y especial apodado el empodera-Dor permitía que cualquier ser humano pudiera sentirse un superhéroe, se conectara con sus superpoderes e hiciera de su vida algo realmente espectacular.

¿Cuáles eran los secretos revelados del empodera-Dor para todo ser humano que quisiera conocer esta magia? En realidad, su método era elocuente y tan sencillo que ni siquiera podría pensarse que fuera secreto, pero él estaba dispuesto a compartirlo con toda persona que quisiera mejorar su vida.

El empodera-Dor empezaba elogiando las virtudes de la persona y jamás conectándose con sus defectos (si pudieran llamarse de esta manera) o aspectos negativos, o áreas a mejorar. Él siempre miraba lo bueno de cada ser humano. Independientemente de que la persona tuviera mil cosas para cambiar, siempre había una que la hacía especial, y hallarla era a veces difícil, pero el empodera-Dor siempre encontraba esa perla en medio del mar. **Este era su primer secreto: elogiar lo hermoso que tiene cada ser humano.**

En segundo lugar, el empodera-Dor hacía uso y abuso de la gratitud; era extremadamente agradecido. Daba gracias a Dios cada día por todas esas cosas que muchos pasamos por alto: por la posibilidad de compartir una taza de café y de conversar con alguien, por la vida y hasta por los problemas, porque lo hacían más fuerte. Y, como él agradecía desde que se levantaba, todo a su alrededor se transformaba. Al llegar a la empresa, daba gracias a cada uno que se cruzaba por infinidad de cosas que la persona, muchas veces, ni siquiera notaba. Empodera-Dor contagiaba gratitud, y así los problemas se achicaban y la gente podía ver con la óptica inmensa del agradecimiento. La palabra *gracias* es una de las más poderosas del lenguaje, pero muchas veces queda opacada por la queja. **Este era el segundo secreto del Empodera-Dor, que la gratitud fuera como el pan de cada día en la mesa de cada ser humano.**

Su tercer secreto era una combinación de amor y perdón. Él consideraba que, si amamos, perdonamos y, si perdonamos, amamos: una ecuación perfecta.

Cuando sucedían situaciones difíciles, él aplicaba esta doble sazón del amor y del perdón. No dejaba que el rencor se acumulara ni que las emociones negativas ganaran terreno y destruyeran todo a su paso, como un huracán. Por lo contrario, **él apelaba al torbellino del cariño y del amor y hacía que el perdón fuera algo automático**. En el mismo día que los hechos sucedían, propiciaba la reconciliación. Él reunía a las personas en conflicto y las instaba a conversar, a darse la mano y a disculparse mutuamente. Así quedaba sellado un pacto de cariño y perdón. A lo largo de los años, esto fue creando un ambiente muy sano en la compañía y las personas, al aprender que el amor unido al perdón es fabuloso, no solamente lo implementaron en el ámbito laboral, sino también lo llevaron a sus casas y lo practicaron con sus familias, amigos, vecinos... Así, poco a poco, **transformaron sus vidas a través del doble poder que representa unir el amor con el perdón**.

Transcurrieron los años y el empodera-Dor, a través de estas tres simples estrategias, estos tres secretos revelados, fue cambiando su vida y la de miles de personas; no solamente los empleados de esta compañía, sino también los proveedores, los clientes, sus familiares... Y, poco a poco, ese pequeño mundo se fue convirtiendo en algo especial. Además, muchas de esas personas también se transformaron en sus aprendices, y así muchas mujeres y hombres fueron superheroínas, superhéroes: empoderadoras y empoderadores, y llevaron esa semilla para que germinara en sus vidas y en otros seres humanos.

Es importante comprender que cualquiera de nosotros puede ser un empoderador, basta con creer en la sencillez de estas enseñanzas y saber que **la vida nunca va a ser ideal ni perfecta, pero que, si nosotros desafiamos esa imperfección a través del amor, la gratitud y el perdón, podemos hacer de este mundo un lugar mejor**.

DECÁLOGO DEL AMOR VERDADERO

1. Solo por hoy me amo y me respeto de manera incondicional, porque he comprendido que en el amor y en el respeto puedo construir, aquí, en la tierra, mi propio paraíso terrenal.

2. Solo por hoy amo la naturaleza, las plantas y el reino animal, porque la sabiduría de la vida reside en vivir en comunión con todos los seres de este planeta, amándonos y respetándonos unos a otros.

3. Solo por hoy amo infinitamente a todas las personas que me rodean, sin importar si algunas de ellas me han lastimado, ofendido o dañado, porque solo a través del amor puedo perdonar y sanar todas las heridas de manera definitiva.

4. Solo por hoy abrazo la gratitud, porque saber agradecer por todo lo que puedo ver y tocar, por lo mucho o poco que tengo es el camino infinito para un gran crecimiento espiritual.

5. Solo por hoy amo y valoro mi salud; con salud lo tengo todo y sin ella no tengo nada, porque la salud es el motor que me permitirá edificar un imperio de amor y alcanzar todos los anhelos de mi corazón.

6. Solo por hoy bendigo y agradezco este nuevo día de vida sabiendo que el tiempo es el recurso más importante y vital de los seres humanos. Si lo agradezco, lo bendigo y lo optimizo; sé que aquí y ahora puedo hacer que el resto de mi vida sea colosal.

7. Solo por hoy amo, respeto y venero a mis padres y les agradezco por haberme dado la vida, sabiendo que una hija o un hijo agradecido es una persona dichosa que tiene asegurada una vida de prosperidad.

8. Solo por hoy amo y respeto a mi pareja; doy gracias por la posibilidad de compartir mi vida y sé que la existencia puede ser maravillosa cuando el amor y el respeto son la base para la unión de la familia.

9. Solo por hoy les doy cariño sincero y amor infinito a mis hijos, porque ellos son la continuación de mi propia existencia y, si el amor reina en mí, seguirá reinando en ellos.

10.   Solo por hoy amo profundamente a todo ser vivo, a todo ser humano que se cruza en mi camino. Le deseo lo mejor de todo corazón y lo ayudo en todo lo que esté a mi alcance, sabiendo que la solidaridad bien entendida es un poder infinito que nos une, nos hermana y propicia un mejor futuro para todos.

«El perdón es el mejor agricultor y el mejor carpintero del alma».
Analía Exeni
www.analiaexeni.com
Academia
Autores D-EXITO
Analibro
Ediciones
Autores D-EXITO

Hija, ¡gracias por enseñarme a vivir!

De vos, hija, aprendí todo en la vida.

Aprendí a callar, a no enojarme solo porque hay problemas.

Aprendí a amar sin razones y solo porque el corazón estalla de emociones.

Aprendí que la vida es demasiado corta y que la muerte es muy traicionera.

Aprendí que un amanecer rojo y una noche plena de estrellas puede ser una riqueza más grande que cualquier cuenta bancaria.

De vos, hija, aprendí a dar amor y vida.

¡Enamórate locamente de tus sueños!

Camina a paso firme hacia tus sueños

y abrázalos

y bésalos en la boca.

Porque no hay ser humano más valiente ni audaz que aquel que se atreve a enamorarse locamente de sus sueños y convertirlos en su día a día.

¡Hasta pronto!

Este es el final del libro y el inicio de un nuevo capítulo de tu vida.

Deseo, de todo corazón, que estas humildes páginas hayan agregado en ti un profundo valor en diferentes aspectos.

Nos despedimos hasta el próximo libro.

¡Un abrazo lleno de amor!

Analía Exeni

¡S O R P R E S A!

Envíame una foto tuya con el libro a mi email:

autoresdexito@gmail.com

¡Recibirás un obsequio muy especial!

- ✓ **Te regalaré uno de mis libros** a tu elección (en formato electrónico).
- ✓ Tendrás un 15 % de descuento en una sesión de **Coaching para Autores de Éxito**, para que escribas tu propio libro *Best Seller*.

¡Yo soy tu coach!

Coach Profesional de Escritores.

www.analiaexeni.com

Biografía de la autora, Analía Exeni

Analía Exeni es una reconocida empresaria editorial y una prestigiosa poeta y escritora internacional *best seller*; sus más de cien obras literarias han triunfado en varios países y han ocupado los primeros lugares en los *rankings* de los libros más vendidos.

En su amplia carrera profesional de más de veinticinco años, se desempeñó como gerente de recursos humanos en empresas multinacionales y también fundó y dirigió su propia consultora de desarrollo organizacional, en la que formó líderes empresariales; algunos hoy ocupan cargos jerárquicos y otros han triunfado internacionalmente con sus propios emprendimientos. Impartió capacitaciones sobre liderazgo y desarrollo empresarial en empresas, universidades y colegios. Analía garantiza que «el talento humano es ilimitado, solo necesita ser desafiado».

En su gran labor filantrópica, ayudó a través de su fundación a personas e instituciones con entrenamientos para que «desarrollen su máximo potencial». Como experta en liderazgo, ha ayudado a miles de personas a alcanzar el éxito y la felicidad.

Es conferencista internacional, *coach* empresarial, licenciada en Administración de Recursos Humanos y máster en Administración de Negocios.

Con respecto a su labor literaria, afirma lo siguiente:

«Mi objetivo de vida es aportar herramientas para la construcción de un mundo mejor».

«Nací siendo escritora y partiré de este maravilloso mundo siendo escritora. Porque escribir, para mí, es como respirar o sonreír, es lo más natural del mundo y es lo que hago a diario con todas las células de mi cuerpo conectadas con el universo de mi espíritu».

«Escribo desde que tengo consciencia y uso mi razonamiento y mi pasión para escribir desde el alma. Aproximadamente a los diez años, comencé a escribir mis primeros poemas y cuentos y, hasta la fecha, sigo escribiendo con el mismo ímpetu de esa pequeña niña llena de frondosas ilusiones».

A lo largo de su vida, ha escrito y publicado más de cien libros de su propia autoría. Muchos de sus textos habían quedado archivados en el baúl de los recuerdos, pero, luego de atravesar por un cáncer y de tener la fortuna y la fortaleza de sobrevivir, ha decidido sacar a la luz todos sus libros inéditos. Por eso, paso a paso, su creación completa se está mostrando al mundo, y supera ya la centena de libros. Esta meta es la que la mantiene viva cada día y por lo que trabaja incesantemente, entregándose en cuerpo y alma.

Sus obras literarias han triunfado en varios países y han ocupado los primeros lugares en los rankings de los libros más vendidos en Australia, Brasil, Canadá, España, Estados Unidos, India, México y Reino Unido.

A su vez, es coautora de decenas de libros en idioma español e inglés, junto con otros autores de diferentes países.

Escribe apasionadamente con el propósito de nutrir nuestra calidad de vida. Por un lado, sus libros de liderazgo, desarrollo humano, sus novelas y sus sagas de superación personal figuran entre las publicaciones más destacadas. Por otro lado, entrena en escritura a personas sin límite de edad, con diferentes oficios y profesiones, y con capacidades diferentes.

Analía nació, creció y vive en Argentina, país maravilloso, lleno de desafíos constantes. Las crisis que allí atraviesan permiten a sus habitantes aprender destrezas para no estancarse, innovar y crecer.

Ha fundado tres compañías: Éxito Consultora®, Academia Autores de Éxito® y editorial Ediciones Autores de Éxito® con idéntica misión: servir al planeta; además de la Feria del Libro Autores de Éxito® Texas 2024. Asimismo, es cofundadora de Sagas de Éxito® y de Universidad de Éxito®. A través de la Fundación Autores de Éxito®, colabora con personas que atraviesan enfermedades oncológicas, con sobrevivientes de cáncer y con personas con discapacidad para que puedan cumplir el sueño de escribir y publicar sus primeros libros. Le gratifican muchísimo las actividades filantrópicas.

Es la creadora del sistema de enseñanza Analibro®, que permite escribir un libro *best seller* con un método sistematizado, iniciando desde cero, y de Autores de Éxito Award®, prestigioso premio que se entrega a autores de todo el mundo que han logrado un rotundo éxito con sus libros. También ha creado el Premio Literario Analía Exeni Autores de Éxito®, otorgado por la editorial Ediciones Autores de Éxito® como reconocimiento al talento y la excelencia de autores de todo el mundo, acreditados a través de sus libros, que son semilla que germinará en favor de la cultura mundial. Asimismo, es la fundadora de los galardones Conferencistas de Éxito Award®, Emprendedores de Éxito Award®, Empresarios de Éxito Award®, Líderes de Éxito Award® y el sistema Gestión Integral del Talento Humano®.

A través de sus emprendimientos, se desempeña activamente en más de treinta países.

Entre sus múltiples actividades, trabaja junto a su hija, Delfina Piña Exeni, promoviendo su editorial y sus libros a nivel internacional. Asimismo, ha sido conductora del programa de radio y televisión digital Autores de Éxito®.

En más de dos décadas de trayectoria, ha cosechado mucha felicidad. El camino emprendido parece ser el correcto: a pesar de los golpes, se levanta con una sonrisa y con ganas de brindar a los otros lo más preciado de sí.

Ha recibido el doctorado *honoris causa*, distinción que fue otorgada en México el 21 de agosto de 2021 por el Colegio Internacional de Profesionistas C&C; el Colegio Internacional de Profesionistas de la Educación y del CAPIE AC; la Academia Española de Literatura Moderna en México; la Academia Internacional de Ciencia, Arte, Cultura y Educación; la Columbus International Business School, y el Registro Nacional de Instituciones y Empresas Científicas y Tecnológica (RENIECYT).

Ha sido distinguida con el premio a la Integridad en Arkansas, Estados Unidos. También fue reconocida en México y en Argentina, naciones ambas donde disfruta dictando, como voluntaria, capacitaciones en hospicios y cárceles. Pero nunca las distinciones son el objetivo de su trabajo, aunque le resulte grato recibirlas y por ello se sienta honrada y agradecida.

Su mayor entusiasmo reside en dejar, a través de sus libros, una huella, un mensaje de esperanza y aliento; que perdure y florezca en infinitos corazones, de generación en generación.

¡Te invitamos a descubrir su universo!

www.analiaexeni.com

AGRADECIMIENTOS

¡Muchas gracias!

A Dios, mi fiel compañero de vida, mi motor, mi inspiración, mi eterno milagro.

A mi amada familia, a Delfina y a Sergio, por ayudarme y motivarme a ser una mejor persona todos los días, por estar presentes en las buenas y malas situaciones haciendo que todo el dolor valga la pena solo por gozar del privilegio de tenerlos en mi vida.

A mis padres, que me dieron el don de la vida y su amor incondicional.

A María Fernanda Rey, por trabajar en equipo dando tanto amor y profesionalismo en la grandiosa labor de la corrección literaria.

A Marta Huerta y a Ramón González, de Contracorriente.com, Madrid, España, por crear la maravillosa portada de este libro con tanta excelencia y magia.

A mis lectores y clientes de todo el mundo: ustedes son mi razón de existir, por ustedes me levanto cada día enamorada y sigo escribiendo apasionadamente, entregándoles mi corazón. Muchas gracias por hacerme tan feliz. ¡Los amo!

A mis amadas mascotas, que me alegran la vida: Suske, Flaquito, y Osito.

A todos mis familiares y amigos alrededor del mundo: los llevo en mi corazón a cada uno.

Este libro cuenta con apoyo de

Otros libros publicados

Disponibles en todos los mercados mundiales de Amazon.

<u>EMPRESARIOS Y EMPRENDEDORES:</u>

- *Máximo potencial y liderazgo ilimitado: Los 40 hábitos de las personas felices y exitosas.*

- *Estrategias de Éxito para el nuevo milenio laboral: Nueva era «Big Bang Brain». La revolución de la creatividad y el talento humano.*

- Saga: *Mujeres y hombres de éxito.*

- Saga de liderazgo: *Liderazgo transformacional.*

- Saga de liderazgo: *Liderazgo para el éxito.*

- *Conferencistas de éxito. Vol. 1: Tu libro.*

- *Emprendedores de éxito. Vol. 1: Tú, autor.*

- *Empresarios de éxito Vol. 1: Tu empresa, tu libro.*

NOVELAS:

- *El olimpo del perdón: Un paraíso espiritual.*

- *Tatuaje en el alma.*

- *La tatuadora de sueños.*

- *Resiliencia: Una historia argentina.*

- *Amor incondicional.*

- *La brújula del amor.*

DESARROLLO HUMANO:

- *Yo sí puedo: 12 pasos hacia una vida maravillosa.*

- Saga de cuentos: *Sueños XXL.*

- Saga de cuentos: *Ama la vida.*

- *Mis 60 libros. Mis 60 proverbios.*

- *Mis 100 libros; mis 100 proverbios: Mi legado de amor para el universo*

- Saga de desarrollo personal: *Aquí y ahora.*

- Saga: *Mantras para ser feliz.*

<u>SAGA *MUJERES DE ÉXITO*</u>*:* LIBROS PARA CRECER SIN PARAR.

- *Mujer líder: No necesitas nada porque lo tienes todo.*

- *Mujer todoterreno: Cómo ser feliz y triunfadora en todos los terrenos de tu vida.*

- *Delfina: 15 cartas para el corazón de una mujer.*

- *Mujer imparable: Conquista tu vida.*

- *¡Soy invencible!: Mi lucha contra el cáncer ¡No le temo a la muerte! Porque... morir no es malo. Lo malo es vivir estando muertos.*

- *Súper mujer: Transformando el dolor en amor.*

- *Las mujeres argentinas somos invencibles.*

<u>SAGA *AUTORES DE ÉXITO*</u>: Vuélvete ¡INMORTAL! Trasciende a través de TU LIBRO.

- *Descubre el autor que vive en ti.*

- *Cómo escribir tu libro iniciando desde cero.*

- *De tu idea a TU LIBRO BEST SELLER: Estrategias para escribir, publicar y lograr un Best Seller paso a paso.*

- *FROM YOUR IDEA TO YOUR BEST SELLER BOOK: Strategies to write, publish and achieve to have a Best Seller book step by step.*

- *El alma de un libro: La trilogía.*

Y muchos libros más a tu disposición para deleitarte e invitarte a edificar tu propio paraíso privado.

¡Te espero en mi biblioteca!

Escribe TU LIBRO

¿Te atreves a escribir?... Esta es tu gran oportunidad de trascender.
▶**«Curso CÓMO ESCRIBIR TU LIBRO *BEST SELLER*».**

Con el método certificado Analibro® de Academia Autores de Éxito®.

- Entrenamiento de excelencia con herramientas profesionales y garantía de éxito.

- Capacitación 100 % *online* con entrega de certificado.

www.analiaexeni.com

Publica TU LIBRO

▶**Ediciones Autores de Éxito® te ofrece la oportunidad de publicar tu libro en todo el mundo y transformarlo en un *Best Seller*.**

¡Vuélvete INMORTAL! Trasciende a través de tu libro.

www.analiaexeni.com

Te invito a conocer mi universo.

Encontrarás un mundo de éxito y felicidad en los libros que, con muchísimo amor, escribí para ti.

Te espero en Amazon: *https://lnkd.in/gPKXY-6*

Analía Exeni

www.analiaexeni.com

- Fanpage: Analía Exeni Escritora - Autores de Éxito
- YouTube: Analía Exeni Escritora - Autores de Éxito
- LinkedIn: Analía Exeni - Autores de Éxito
- Twitter: Analía Exeni - Autores de Éxito
- Instagram: analía.exeni.autores.de.exito

EQUIPO DE TRABAJO

Autora

Analía Exeni

Editorial Ediciones Autores de Éxito®

Editora

Analía Exeni

www.analiaexeni.com

Corrección literaria

María Fernanda Rey

Diseño de portada

Marta Huerta y Ramón González

Si te gustó este libro, por favor,

deja un comentario positivo en

Amazon.

¡Muchas gracias!

Ediciones
Autores
D·EXITO
Delfina Piña Exeni
Manager
Editorial Ediciones Autores de Éxito®
Academia Autores de Éxito®
Premio Literario
«Escribe un libro y deja tu legado de amor como semilla para un mundo mejor».
Ediciones Autores D·EXITO
Audiolibros D·EXITO
Fundación® Autores D·EXITO
Academia Autores D·EXITO
Analía Exeni
Analibro
Analía Exeni – Autores de Éxito
www.sagasdexito.com
autoresdexito@gmail.com
www.analiaexeni.com